Petite tortue grandira…

La manière adéquate d'héberger vos tortues et d'en prendre soin.

Des soins et de l'attention

Apprenez comment bien soigner vos tortues et ce qu'il faut faire en cas de maladies et de naissances.

De fascinants animaux primitifs

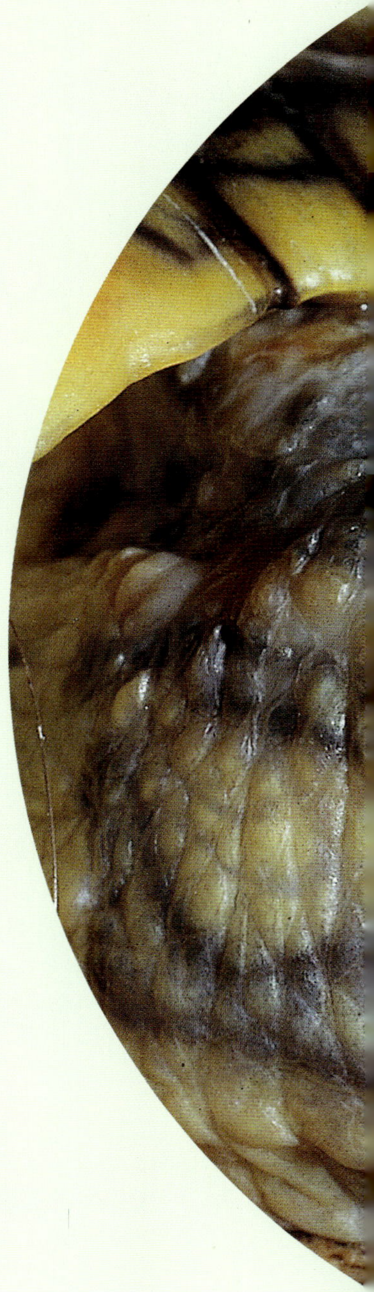

Dans son ouvrage consacré au règne animal,le zoologue allemand Alfred Edmund Brehm décrit, en 1873, les tortues en ces termes : “*les animaux les moins exigeants que l’on peut détenir en captivité, en raison de leur capacité à supporter, à l’exception du froid extrême, toutes les conditions imaginables avec une certaine indifférence, à rester sans manger pendant des périodes exceptionnellement longues et à se contenter des aliments les plus simples.*” Les tortues fascinent l’homme depuis des milliers d’années : élevées au rang de divinité, considérées comme des animaux sacrés, elles étaient même mangées ou utilisées pour devenir des objets d’usage courant, un souvenir ou de la nourriture pour chien. Leurs œufs étaient également dérobés. De nombreuses personnes, même parmi celles qui aiment les animaux, pensent que les tortues sont stupides, ce qui est complètement erroné. Ainsi, la majeure partie des tortues importées sont victimes de soins inappropriés. Si vous êtes fasciné par les tortues aquatiques, ce livre vous permettra de connaître leurs vrais besoins. Découvrez si vous pouvez satisfaire les exigences liées à leur élevage et réaliser ce rêve.

Connaître les tortues

Les tortues américaines

Les tortues sont de véritables fossiles vivants. Leur apparence et leur constitution n'ont guère évolué depuis des millions d'années. Lorsque nous observons une tortue, nous devons avoir à l'esprit qu'elles existaient déjà à l'époque des grands sauriens et même plus tôt encore.

Les tortues sont des animaux incapables de réguler leur température corporelle. Elles ont besoin de s'exposer au soleil pour se réchauffer. Aussi les tortues vivent-elles majoritairement dans les pays chauds, où les conditions climatiques sont appropriées à leur survie.

Originaires des marais

L'une des deux principales zones de peuplement de ces sauriens à carapace se trouve dans la ceinture des tropiques d'Asie du Sud-Est. L'autre zone bénéficie quant à elle du climat tempéré d'Amérique. C'est en Amérique que l'on rencontre les genres les plus nombreux, avec la plus grande variété d'espèces.

Pseudemys rubriventris ou pseudémyde à ventre rouge.

L'aspect zoologique

D'un point de vue systématique, les tortues d'aquarium appartiennent à la famille des tortues des marais et aux genres *Chrysemys, Pseudemys* et *Trachemys*. De nombreux auteurs regroupent les tortues d'aquarium sous le genre *Chrysemys*. Les spécialistes eux-mêmes ne sont pas tout à fait d'accord sur la classification. Cette question de classement est néanmoins secondaire pour les soins à prodiguer aux tortues. Les espèces du genre *Graptemys*, qui comprennent notamment les tortues géographiques, présentent souvent une belle dossière (dos de la carapace), dont la forme évoque celle d'un toit. À noter que les *Trachemys* et les *Graptemys* sont désormais interdites à la vente en France et que leur détention doit faire l'objet d'une autorisation. Ces espèces sont néanmoins évoquées dans cet ouvrage car elles étaient disponibles dans le commerce lorsqu'elles étaient encore importées.

Cette tortue avec des tâches sur le menton *porte le nom scientifique de* Trachemys scripta callirostris.

Le commerce des tortues d'aquarium

Le nombre de tortues américaines vivant dans la nature n'a pas permis de répondre à la hausse de la demande de bébés tortues. Par conséquent, des étangs d'élevage ont été mis en place dans le golfe du Mexique, au Sud des États-Unis. Le climat parfaitement adapté et la forte densité de peuplement dans leur milieu naturel favorisent cet élevage lucratif.

Comme dans tous les élevages de masse, les maladies et l'agressivité des animaux entraînent la mort de nombreuses tortues, qui sont vite remplacées par d'autres individus. Pendant les transports en masse des jeunes, les pertes sont là encore très élevées et de nombreuses tortues arrivent très affaiblies dans les animaleries.

Malheureusement, aucune compétence ou qualification spécifique n'est nécessaire pour vendre ces animaux. Sachez néanmoins qu'en France, **la vente de tortues de Floride est désormais interdite.** Deux arrêtés du 10 août 2004 du ministère de l'Écologie et du Développement durable définissent les règles générales de fonctionnement des élevages d'agrément (amateurs) et établissements d'élevage (amateurs ou professionnels) d'espèces animales non domestiques. En vertu de ces textes, la détention des tortues de Floride, par exemple, est soumise à l'obtention d'un "certificat de capacité".

À SAVOIR

Systématique

- Les tortues d'aquarium appartiennent à la famille des tortues des marais *(Emydidae)*.
- Des espèces apparentées vivent également en Europe, en Afrique et en Asie.

Le milieu naturel des tortues

Les tortues aquatiques vivant dans la nature sont parfaitement adaptées à leur milieu. Nos tortues vivant en aquarium ou dans les étangs de nos jardins possèdent toujours les mêmes facultés d'adaptation.

Venues du Nouveau Monde...

L'aire de répartition des tortues d'aquarium se trouve sur le continent américain. Vers le nord, elle s'étend jusqu'au Sud du Canada et, vers le sud, jusqu'à l'Uruguay. Trois sous-espèces de la tortue peinte *(Chrysemys picta)* sont présentes du nord de leur aire de répartition jusqu'au-delà de la frontière entre les États-Unis et le Canada. Comme en Europe centrale, les températures peuvent chuter jusqu'à - 20 °C. Au sud, les aires de répartition de la pseudémyde concinne *(Pseudemys concinna)*, de la pseudémyde à ventre rouge *(P. rubriventris)* et de la trachémyde écrite *(Trachemys scripta)* sont contiguës.

Une grande partie des tortues américaines est originaire de Floride. Elles vivent dans les cours d'eau et les marais, très nombreux dans la région.

...et des États du Sud

Les peuplements de tortues se concentrent dans les États proches du golfe du Mexique, du Texas à la Floride. La plupart des espèces vivent dans cette région et, en termes de nombre d'individus, la majorité des tortues viennent également de cette région du globe. Le climat subtropical du golfe du Mexique est humide et pluvieux. En été, les températures peuvent dépasser les 30 °C et chuter en hiver, au point de donner parfois des gelées, mais, la plupart du temps, elles ne sont pas inférieures à 10 °C.

Cette zone est le milieu naturel des espèces suivantes : tortue peinte du Sud *(Chrysemys picta dorsalis)*, pseudémyde de l'Alabama *(Pseudemys alabamensis)*, pseudémyde concinne *(Pseudemys concinna)*, pseudémyde de Floride *(Pseudemys floridana)*,

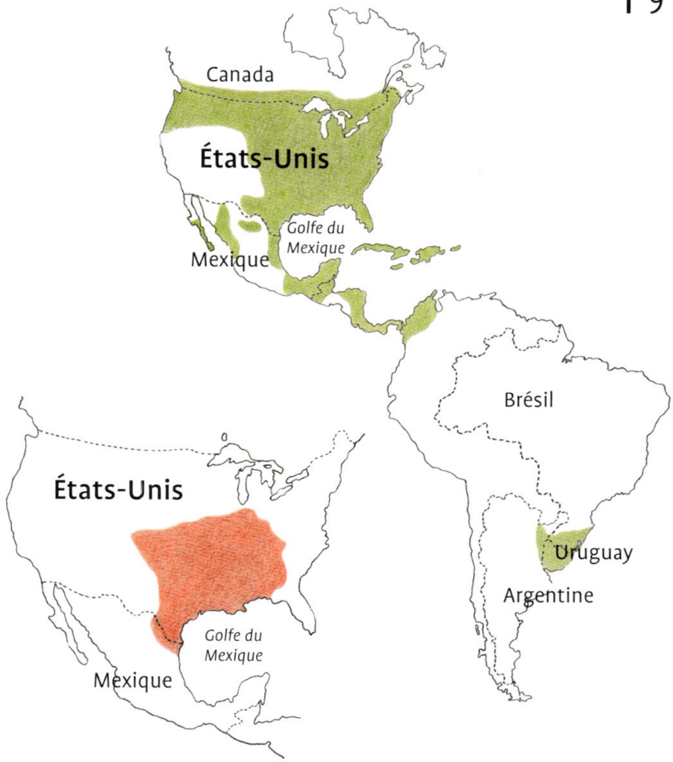

Aire de répartition des tortues américaines. *En bas à gauche : l'aire des tortues à joues rouges (tortues de Floride).*

pseudémyde de Nelson *(Pseudemys nelsoni)*, pseudémyde du Texas *(Pseudemys texana)* et trachémyde écrite *(Trachemys scripta)*. La sous-espèce la plus connue des trachémydes écrites est la tortue de Floride (à joues rouges). L'Amérique centrale, le Nord de l'Amérique du Sud ainsi que les grandes et petites Antilles abritent d'autres espèces : *Trachemys decorata* (trachémyde d'Hispaniola), *T. decussata* (trachémyde de Cuba), *T. scripta* (trachémyde écrite), *T. stejnegeri* (trachémyde de Stejneger) et *T. terrapen* (trachémyde de la Jamaïque). En raison du climat tropical qui y règne, les températures descendent rarement sous les 20 °C.

En Amérique du Sud

Le Sud du Brésil, et plus particulièrement l'Uruguay et le Nord de l'Argentine, abritent quant à elles la trachémyde de d'Orbigny *(Trachemys dorbignyi)*, qui comprend deux sous-espèces. Le climat subtropical, tempéré et chaud de cette région est comparable à celui du golfe du Mexique. Toutefois, dans l'hémisphère Sud, l'été et l'hiver sont inversés.

Les tortues géographiques

L'aire de répartition des tortues géographiques du genre *Graptemys* couvre partiellement, en Amérique du Nord, celle des tortues citées précédemment. On trouve notamment la tortue du Mississippi *(G. kohnii)* au centre et au Sud des États-Unis ; l'aire de répartition de la graptémyde pseudogéographique *(G. pseudogeographica)* s'étend du golfe du Mexique à la frontière canadienne.

À SAVOIR
L'habitat

Les tortues géographiques vivent dans les eaux courantes, contrairement à leurs autres congénères, qui préfèrent les grandes étendues d'eau comme les marais, les étangs, les lacs et les rivières.

Des animaux de compagnie

Quiconque se place devant l'aquarium d'une animalerie ne manquera pas d'être fasciné en observant des bébés tortues grimper pour se rapprocher d'une source de chaleur, monter les unes sur les autres et sortir leurs petites pattes pour profiter au maximum de la chaleur. Regardez-les se sauver au moindre bruit et plonger la tête la première pour se réfugier dans l'eau, ressortir la tête au bout de quelques instants et vérifier si la voie est libre. Ce dynamisme a déjà séduit des millions d'amateurs dans le monde, les incitant à un achat impulsif. Sinon, comment pourrait-on expliquer que, chaque année, plusieurs millions de bébés tortues sont importés en Europe ?

Les pionniers de l'élevage des tortues ont dû fabriquer eux-mêmes leur aquarium et accessoires techniques pour assouvir leur passion, faisant ainsi preuve de génie créatif et de grandes aptitudes manuelles. Naturellement, au XIXe siècle, l'élevage des tortues était réservé à une poignée de passionnés. L'alimentation croissante des foyers en électricité et en eau courante a ensuite grandement favorisé l'expansion de ce violon d'Ingres exotique, ce qui a suscité une réaction rapide des commerçants. Des publicités ciblées proposent ainsi un très grand nombre d'aquariums et d'accessoires. Reste encore une question : acheter ou pas ? Nous verrons que cette question occupe une place centrale.

Les trois principes

Les animaux sauvages peuvent être porteurs de germes. Il convient donc de respecter une certaine hygiène, dans l'intérêt de l'homme et de l'animal.

Au départ, les nouveaux venus ont besoin de tranquillité et de calme.

Il convient de contrôler en priorité le comportement et l'alimentation des animaux.

Toujours des animaux sauvages

Les hamsters, les cochons d'Inde, les perruches ondulées et les canaris comptent parmi les nombreux animaux de compagnie cohabitant avec l'homme depuis des générations. En revanche, les tortues disponibles dans le commerce sont des animaux sauvages, dont les parents ont vécu dans la nature, se sont passés de l'homme pendant des millions d'années, sans nouer de relations étroites avec lui, ce qu'elles ne chercheront pas à faire non plus dans un aquarium d'intérieur. Nos tortues ne partageront avec nous ni joie ni peine, ne nous parleront pas, ne nous écouteront pas et ne considéreront pas une caresse comme une marque d'affection.
Si elles se sentent bien dans la chaleur de votre main, il ne faut pas y voir un signe d'attachement ; cela signifie uniquement qu'elles ont besoin de chaleur. Et si elles nagent près de la vitre de l'aquarium lorsque vous vous approchez, cela n'a

Dans une animalerie, des bébés tortues grimpant les unes sur les autres ont de quoi charmer.

rien à voir avec un chien qui viendrait vous saluer : elles savent juste que vous allez leur donner à manger. Les propriétaires de tortues affirment régulièrement que leurs animaux ont noué des relations avec eux. Même si c'était le cas, le souhaiterions-nous vraiment ? Quiconque recherche un animal pour apprécier la présence d'un compagnon ou d'un camarade de jeu peut faire son choix parmi un grand nombre d'animaux domestiques.

Un regard sur la nature

La présence d'animaux sauvages chez soi doit permettre d'avoir un regard sur la nature et d'observer le comportement naturel, propre à leur espèce, des animaux.
Dans cette optique, nous devons comprendre les conditions nécessaires à l'élevage des tortues.
En d'autres termes : nous ne devons pas essayer d'apprendre à des animaux sauvages à se comporter comme des hommes.
Au contraire, nous devons savoir comment ils vivent parmi leurs semblables.

À SAVOIR

Une perception sensorielle différente

L'ouïe des tortues est différente de la nôtre et leur donne une autre perception des vibrations et des bruits.
Les appeler par leur prénom n'a donc aucun sens.

Choisir une espèce adaptée

Si les tortues doivent vivre en plein air toute l'année en Europe, il convient de choisir des espèces dont l'habitat naturel présente un climat similaire.

Dans un étang de jardin

Comme nous l'avons mentionné précédemment, seules trois sous-espèces de la tortue peinte *(Chrysemys picta picta, C. p. belli* et *C. p. marginata)* sont ici concernées. Ces tortues sont rarement disponibles en animalerie et, en matière de soins, elles sont beaucoup plus délicates que d'autres espèces. Il est donc préférable de les confier à des personnes expérimentées.

Dans une animalerie, on m'a une fois présenté des bébés *Chrysemys picta belli* de 3 cm. On m'a alors affirmé qu'elles étaient capables de supporter des températures allant jusqu'à - 30 °C. Cette affirmation, bien que pas totalement fausse, est trompeuse. Cette sous-espèce est originaire du Canada, où les températures hivernales peuvent être aussi basses. Les tortues sont enfouies sous la glace des plans d'eau, dans la vase, là où les températures minimales s'élèvent au minimum à + 4 °C. Ainsi, les animaux ne sont jamais exposés directement au gel.

En été, toutes les tortues d'aquarium aiment nager dans une petite piscine (avec une partie émergée) placée dans un jardin ou sur un balcon.

Pas en hiver

En hiver, les autres tortues ne doivent pas vivre à l'extérieur si elles sont élevées sous nos latitudes. Certes, la *Pseudemys rubriventris* vit au Nord-Est des États-Unis, région connue pour ses hivers rigoureux, mais cela n'empêche pas ces tortues de mesurer jusqu'à 40 cm de long tout en se nourrissant principalement de végétaux. Elles ne manqueraient donc pas de s'attaquer à la végétation de notre étang ou nécessiteraient des aménagements conséquents. Cette espèce étant menacée, elle est très rarement proposée dans le commerce.

Chez soi

La plupart des amateurs préfèrent s'occuper de leurs tortues chez eux. Si vous souhaitez voir des tortues actives en hiver, choisissez des espèces originaires des Tropiques qui n'hibernent pas pendant la saison froide. Toute l'année, les animaux doivent néanmoins vivre dans une atmosphère et une eau chaudes et ont besoin d'un éclairage complémentaire en hiver, ce qui peut se traduire par une hausse de votre facture d'électricité. Par ailleurs, certaines espèces sont incompatibles : dans la nature, la densité de peuplement des individus est souvent très faible. Lorsque leur importation était autorisée, le commerce proposait des tortues géographiques du genre Graptemys (la détention de ces tortues est désormais soumise à l'obtention d'un certificat de capacité) : la tortue du Mississippi *(G. kohnii)* et la graptémyde pseudogéographique *(G. pseudogeographica)*. On rencontre encore les tortues de Floride *(Trachemys scripta elegans)* dans nos foyers si elles ont été importées avant leur interdiction de vente. Vous trouverez, dans les pages qui suivent, les soins à prodiguer à cette dernière espèce.

Avec une carapace de 23 cm de long, cette femelle adulte (Trachemys scripta elegans, *tortue de Floride) fait partie des plus petites espèces de tortues d'aquarium.*

Atteinte à la faune

La tortue de Floride a été également largement importée en Europe. Il convient toutefois de préciser que ce ne sont pas les tortues de Floride issues de l'élevage qui doivent être protégées, mais plutôt le milieu naturel dans lequel elles ont été relâchées en grand nombre. Comme elles supportent sans difficulté nos hivers, la faune locale subit de plein fouet leur influence. C'est pourquoi elles ne sont plus importées en France et que les conditions d'élevage des tortues de Floride présentes dans nos contrées sont désormais encadrées.

À SAVOIR

Petite tortue deviendra grande...

Les espèces suivantes sont concernées :

- Pseudémyde concinne *(Pseudemys concinna)*
- Pseudémyde de Floride *(P. floridana)*
- Pseudémyde de Nelson *(P. nelsoni)*

Les femelles, dont la carapace dépasse largement les 30 cm, sont rapidement trop grandes pour rester dans un aquarium. Elles ne nourrissent principalement de végétaux et salissent plus rapidement l'eau que leurs congénères omnivores.

Tortue de Floride

Trachemys scripta elegans

▸ Caractéristiques : espèce la mieux appropriée pour l'élevage. Origine : principalement le Sud des États-Unis, près du golfe du Mexique. Taille : carapace d'une longueur moyenne de 23 cm chez la femelle, contre environ 18 cm pour le mâle.

▸ Particularités : omnivore ; mange plus de viande lorsqu'elle est jeune et plus de végétaux une fois adulte. Comportement : de nombreux individus supportent difficilement leurs congénères.

Trachémyde à ventre jaune

Trachemys scripta scripta

▸ Caractéristiques : directement apparentée à la tortue de Floride, donc très semblable à cette dernière. Origine : Nord de la Floride et Géorgie ; a donc besoin d'un peu plus de chaleur. Taille comparable à celle de la tortue de Floride.

▸ Particularités : se nourrit de petits êtres vivants les premières années, puis davantage de végétaux. Comportement : sous-espèce pacifique ; dans la nature, vit souvent en groupe.

Tortue peinte de l'Est, tortue peinte du Centre

Chrysemys picta picta, Ch. p. marginata

▸ Caractéristiques : sous-espèces nordiques des tortues peintes. En appartement, leur élevage est complexe ; un étang est préférable. Tailles des mâles : 13 cm, contre 16 cm chez les femelles. Origine : Nord et Nord-Est des États-Unis.

▸ Particularités : À la saison chaude, elles doivent être exposées directement au soleil. À la saison froide, elles supportent jusqu'à 10 °C.

Tortue peinte de l'Ouest

Chrysemys picta bellii

▸ Caractéristiques : la plus grande espèce de tortue peinte et, au moins au niveau du plastron, la plus jolie. Origine : Nord-Ouest des États-Unis, Ouest du Mississippi. Taille : mâle : 16 cm ; femelle : 18-20 cm.

▸ Particularités : en termes de climat, exigences similaires à celles des espèces susmentionnées. Très pacifique et sociable. Alimentation : 65 % de viande, 35 % de végétaux.

Pseudémyde concinne
Pseudemys concinna

▸ Caractéristiques : à l'exception des Chrysemys, ces tortues sont élevées dans des fermes.
▸ Particularités : habite surtout les eaux courantes fortement couvertes. En raison de leur taille et de leur alimentation, les Pseudemys se prêtent moins bien à un élevage en intérieur. Prévoyez un bassin plus grand et renouvelez l'eau plus fréquemment.

Pseudémyde de Floride
Pseudemys floridana

▸ Caractéristiques : principalement originaire des États du Sud des États-Unis, dans des eaux calmes. La taille de la carapace des *P. concinna* et *floridana* est respectivement de 30 cm et 35 cm, et plus chez le mâle et la femelle.
▸ Particularités : devient quasiment herbivore en vieillissant, a besoin de températures plus élevées pour digérer et salit l'eau plus rapidement qu'une tortue carnivore.

Pseudémyde de Nelson
Pseudemys nelsoni

▸ Caractéristiques : l'espèce la moins adaptée pour l'élevage en intérieur. Taille et exigences comparables à celles des *P. concinna* et *floridana*, tout en nécessitant des températures plus élevées car originaire de Floride.
▸ Particularités : exigences similaires en termes d'alimentation, d'espace et de chaleur que les *P. concinna* et *floridana*. Élevage à l'extérieur uniquement en plein été.

Graptémyde pseudogéographique
Graptemys pseudogeographica (kohnii)

▸ Caractéristiques : est venue remplacer dans le commerce la tortue de Floride suite à l'arrêt des importations. Les tortues géographiques sont destinées à des personnes expérimentées. Taille : mâle : 13 cm ; femelle : 25 cm.
▸ Particularités : espèce omnivore avec une préférence pour les insectes (mâles) et les mollusques (femelles). Comportement social : espèce pacifique tolérant ses congénères et d'autres espèces.

Faire le bon choix

La tortue de Floride compte parmi les plus belles espèces. Ces animaux très alertes et très répandus font également partie des plus petites représentantes de leur espèce. Leur élevage en intérieur s'avère donc très intéressant.

Une tortue conquiert le monde

La robustesse des tortues de Floride et leur capacité à se multiplier dans les étangs d'élevage leur ont donné la réputation, sujette à caution, d'être la tortue la plus répandue. Des connaissances m'ont une fois rapporté, en guise de « cadeau », des tortues de Floride ramenées d'un voyage au Japon. Quelle n'a pas été ma surprise en observant cette espèce dans les jardins zoologiques de Calcutta, en Inde, et de Dacca, au Bengladesh, au lieu de voir des espèces locales. À Dacca, la cuve de béton dans laquelle se trouvaient les tortues était fermée à clé par une grille, probablement pour éviter les vols.

Les jardins zoologiques du monde entier permettent d'admirer des tortues aquatiques.

Quelle solution ?

Nos zoos souffrent plutôt du problème inverse : ils en reçoivent beaucoup trop et ne savent plus comment les accueillir. Souvent, après cinq années de bons soins, les tortues sont devenues trop grandes pour l'aquarium d'intérieur et, à cause de leur apparence et de leur odeur, elles deviennent indésirables, incitant des propriétaires irresponsables à s'en débarrasser auprès des jardins zoologiques et botaniques.

La manière la plus condamnable d'abandonner ces tortues consiste à les relâcher dans la nature car les conséquences négatives sur la faune locale peuvent être considérables. C'est notamment le cas en France où les tortues de Floride relâchées par leur maître indélicat vont même jusqu'à menacer la cistude d'Europe, une tortue aquatique indigène.

Réfléchir avant l'achat

Nous savons déjà que les tortues ne sont pas friandes de caresses et de câlins. De même, l'achat d'une tortue d'aquarium ne doit pas être guidé par une idée spontanée. L'animal ne doit absolument pas être considéré comme un jouet. En outre, elle ne doit pas séjourner dans un aquarium qui accueillera des poissons et être placée dans le salon uniquement pour apporter une touche exotique.

Recueillir des informations

Informez-vous au préalable et de manière détaillée sur les exigences des animaux. Assurez-vous que vous voulez et pouvez acheter la tortue, le matériel, les fournitures et que vous disposerez de l'espace et du temps suffisants pour vous en occuper pendant des années. Dans l'idéal, lisez un ouvrage avant l'achat et informez-vous auprès de propriétaires expérimentés pour en savoir plus sur ces tortues. Vous vous épargnerez bien des tracas, ainsi qu'à vos enfants et à l'animal.

Les eaux de nos latitudes abritent des tortues relâchées dans la nature.

Être préparé

Avant l'arrivée de vos nouvelles compagnes, il est judicieux de préparer le matériel nécessaire et d'aménager l'aquarium de manière adaptée (à leur âge, entre autres).

À SAVOIR

L'impact sur la faune

Les tortues devenues trop grandes et relâchées dans la nature menacent les espèces indigènes. C'est notamment le cas au Sud de l'Europe, où elles ont tendance à remplacer la cistude d'Europe.
Des centres d'accueil spécialisés peuvent accueillir les tortues (pour plus d'informations, consulter Internet).

Acheter
une tortue aquatique

Vous vous êtes dûment informé sur l'élevage des tortues et les coûts inhérents à cette activité, et avez trouvé l'emplacement de l'aquarium. Nous pouvons maintenant passer aux tortues. Comment faire la différence entre une tortue en bonne santé et une tortue affaiblie ou malade ?

Un bon signe : après une courte période d'acclimatation, cette tortue aquatique est déjà sortie de l'eau pour aller sur la terre ferme et se réchauffer au soleil.

Nous avons déjà évoqué le calvaire que peuvent endurer les animaux importés. Affaiblies par le stress, la peur, le froid, la chaleur, la faim ou la soif, les tortues sont plus susceptibles de tomber malades. Il n'est donc pas rare de voir dans les animaleries des tortues dans un état de santé précaire. Avant de réaliser votre achat, définissez le nombre de tortues que vous souhaitez accueillir. Si vous vous intéressez principalement à leur comportement et espérez peut-être que la petite famille s'agrandisse, choisissez au moins trois tortues. Un groupe comportant plus d'individus peut créer des problèmes que nous décrirons ultérieurement.

1 Dynamiques et en bonne santé

Regardez comment les tortues se déplacent dans l'eau. Elles doivent plonger sans effort jusqu'au fond du bassin et y rester. Prenez une tortue alerte dans la main et vérifiez l'absence de blessures. Vérifiez la peau au niveau du cou, des pattes et de la queue. Les yeux doivent être clairs et les narines propres. En exerçant une légère pression avec deux doigts sur la carapace, cette dernière doit légèrement se déformer (comme du plastique), sans toutefois avoir la consistance d'un carton humide. Une tortue en bonne santé se déplaçant sur une surface irrégulière bouge ses pattes avec régularité et tient la tête haute.

2 Le transport

Si le transport est bref, une petite boîte en carton fermée suffira. La boîte sera fermée de tous les côtés car les petites tortues sont très douées pour grimper les parois. Des feuilles d'essuie-tout froissées assurent contact et soutien. Si le transport doit durer plusieurs heures, les tortues doivent être en contact avec de l'eau, soit en plaçant de la mousse humide dans la boîte, soit en les baignant plusieurs fois pendant le voyage. Pendant le transport, la température doit être comprise entre 20 et 30 °C.

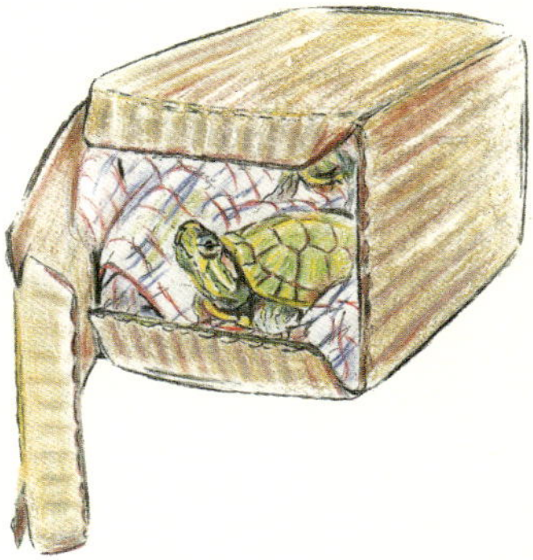

3 L'acclimatation

Même si vous n'avez repéré aucun signe de maladie, votre nouvelle compagne peut tomber malade après l'achat, sans que vous en soyez responsable. Après une quarantaine de trois mois, le danger est en grande partie écarté. Dans la mesure du possible, les nouvelles arrivantes doivent être isolées pour éviter les contagions ou toute lutte pour la nourriture. Elles ne doivent en aucun cas être placées immédiatement avec les tortues installées depuis plus longtemps.

Petite tortue grandira...

L'habitat des jeunes tortues

Le plus souvent, les tortues de Floride étaient vendues lorsqu'elles étaient encore des bébés et finissaient par arriver dans nos foyers au cours de leur première année d'existence. Leur carapace est alors presque ronde, de couleur vert clair avec des bandes jaunes et, parfois, des points foncés. Les joues rouges, derrière les yeux, sont très claires et leur expression touchante.

À l'image de nombreux autres animaux jeunes, les principes suivants s'appliquent également aux bébés tortues.

La quarantaine

Lors de la période de quarantaine, les bébés tortues seront de préférence placés dans un aquarium en plastique, aux coins ronds et facile à nettoyer. De grands compartiments à légumes d'un réfrigérateur peuvent faire l'affaire, tout comme les aquariums en plastique disponibles dans le commerce, qui sont la plupart du temps dotés d'un couvercle. L'aquarium doit être compact, facilement transportable et adapté à un changement quotidien de l'eau. Dans une pièce froide, un couvercle est impératif.

Cette jeune trachémyde à ventre jaune (Trachemys s. scripta) *prend un bain de soleil.*

L'espace nécessaire

Prévoyez une surface d'au moins 30 x 15 cm pour une tortue seule dont la carapace mesure de 4 à 5 cm.
Le niveau d'eau doit au minimum correspondre à la longueur de la carapace, afin que la tortue puisse se retourner facilement si elle se retrouve sur le dos. Dans tous les cas, les narines de la tortue doivent atteindre la surface de l'eau lorsqu'elle s'appuie sur ses pattes postérieures. Pendant la quarantaine, l'aquarium sera placé dans un lieu tranquille, si possible sur une table, afin d'offrir une bonne vue d'ensemble et de permettre un contrôle optimal tout en dérangeant le moins possible les animaux.

La température

Quelle que soit la saison, la température de l'eau doit

Un aquarium de quarantaine en plastique est nécessaire à l'accueil de la nouvelle arrivée.

être d'environ 25-27 °C et celle de la pièce un peu plus élevée. Un taux élevé d'humidité est essentiel, en particulier la nuit. Pour ce faire, la température de la pièce doit être légèrement plus basse et l'aquarium recouvert d'une vitre, en gardant un espace pour laisser passer l'air. Dans un aquarium si petit, la température de l'eau doit être réglée à l'aide d'un système de chauffage de très faible puissance (5 watts, par exemple) ou être supérieure à la température ambiante. Placez alors l'aquarium à proximité du radiateur de la pièce. Outre des températures adaptées, les tortues d'aquarium ont besoin d'une chaleur rayonnante. Dans leur milieu naturel, elles sortent de l'eau et grimpent sur les plantes, les troncs, les branches et les pierres pour se chauffer au soleil. Le soleil de la mi-journée étant naturellement trop fort pour une tortue affaiblie, il est préférable d'utiliser une source de chaleur artificielle (ampoule) qui réchauffera la partie émergée de l'aquarium, dont la température doit alors atteindre 30 à 35 °C. Vérifiez la température au préalable ! La partie émergée doit être facile à nettoyer et sa surface ne doit pas être lisse. Les tortues doivent également être en mesure de sécher leur plastron. Un morceau arrondi de liège, accroché de manière à éviter tout déplacement intempestif ou coincé entre les côtés de l'aquarium fera l'affaire. Les tortues peuvent facilement grimper dessus ou trouver un abri en se réfugiant dessous.
Afin de bien observer les tortues et préserver la propreté de leur demeure, il suffit d'y placer quelques accessoires qui constitueront autant de cachettes et de points d'accroche pour les tortues : plantes aquatiques (élodée et myriophylle) ou brins de ficelle suffisamment épais pour empêcher les tortues de s'y retrouver prisonnières.

À SAVOIR

Dans l'eau et sur terre

Les nouvelles tortues n'ont pas tout de suite besoin d'un grand aquarium aménagé avec de coûteux accessoires.
Les éléments nécessaires : une chaleur rayonnante, une température adaptée, un bon taux d'humidité dans la pièce, des cachettes et des accessoires sur lesquels les tortues pourront grimper.
Les bébés tortues peuvent être placés dans un aquarium plus élaboré lorsqu'ils se seront bien acclimatés à leur nouvel environnement.

Les cinq premières années

Occasionnellement, vous pouvez donner des vers de farine, mais ces derniers ne devront jamais constituer l'aliment de base.

L'alimentation des bébés tortues

L'alimentation est essentielle au début de la vie des tortues, qui constitue une période critique. Leur croissance est rapide et elles ont besoin d'une nourriture riche pour grandir en bonne santé. Dans la mesure du possible, il conviendra de proposer aux petites tortues de Floride de la nourriture vivante, telle que daphnies, larves d'insectes, petits lombrics, insectes volants, gammares, limaces et plantes aquatiques. Les daphnies et les larves de moustique rouge, qui ne sont pas des larves de moustiques piqueurs, sont disponibles dans de nombreuses animaleries, respectivement en été et en hiver. Si vous ne parvenez pas à trouver ces aliments, vous pouvez vous rabattre sur des morceaux de poisson maigre que vous aurez préalablement grattés ou des morceaux de bœuf. En outre, les animaleries proposent des aliments secs adaptés ou des aliments surgelés d'origine animale (voir page 35).

La croissance

Dans la nature, les jeunes tortues de Floride mesurent environ 5 à 7 cm à la fin de leur première année et 7 à 11 cm à la fin de la deuxième. La troisième année, les mâles prennent du retard par rapport aux femelles : la taille de ces dernières s'établit entre 9 et 15 cm, contre 8 à 12 cm chez les mâles. Lors de la quatrième année, ces derniers mesurent 10 à 14 cm, contre 13 à 18 cm pour leurs congénères du sexe opposé. À 5 ans, la taille moyenne des femelles et des mâles s'élève respectivement à 17 cm et 13 cm.

Dans leur milieu naturel

Dans leur habitat d'origine, les jeunes tortues aquatiques vivent dans tous les endroits imaginables où l'eau s'accumule : lacs, étangs, marais, cours d'eau et ruisseaux. Elles privilégient les emplacements à la végétation dense, au sol boueux avec peu de courant. Les jeunes tortues apprécient particulièrement les zones de faible

Au bout de quelques années, ce joli bébé tortue devient un adulte imposant.

profondeur les plus exposées au soleil, où les petits organismes vivants sont particulièrement nombreux. Les tortues ont impérativement besoin de sortir de l'eau pour se réchauffer au soleil, comme sur des racines, des branches, des plantes ou des pierres surgissant de l'eau. L'enchevêtrement de la végétation sur la rive permet aux petites tortues de se protéger partiellement des prédateurs, comme les grands poissons, les oiseaux et les petits mammifères.

Les jeunes tortues sont pacifiques

Lorsque les tortues sont jeunes, elles peuvent vivre ensemble. Elles s'entendent bien avec leurs congénères et se développent mieux en leur compagnie.
La jalousie des tortues à la vue de leurs congénères en train de manger peut inciter les animaux plus réservés à réaliser certaines activités, jouer et manger. Le seul risque réside dans le fait que les individus plus forts peuvent évincer les plus faibles ou les plus craintifs, les dérangent constamment et ne leur permettent pas de se nourrir. Des contrôles réguliers du comportement et de la croissance des tortues vous permettront de voir si ces « ados » vivent bien en communauté ou si certains animaux sont en position d'infériorité. Si c'est le cas, ces derniers devront être isolés avant qu'ils n'en payent le prix.

À SAVOIR

La prochaine étape

Vos petites tortues ont passé la période de quarantaine sans signe de maladie.
Elles ont grandi. Il est temps de leur proposer un habitat correspondant à leurs besoins actuels.
Ce nouvel abri doit correspondre à la vision que vous vous en faites, que ce soit en termes d'esthétique, de possibilités d'observation et de facilité d'utilisation.

S'occuper des « adolescentes »

L'aquarium de vos tortues doit être suffisamment spacieux pour leur permettre de nager et comporter des accessoires dans lesquels elles pourront se cacher ou sur lesquels elles pourront grimper. Parmi ces accessoires figurent les pierres, les plantes aquatiques et les branches. L'aquarium doit également présenter une partie émergée qui sera exposée tous les jours aux rayons du soleil ou se trouvera sous une autre source de chaleur. En outre, l'aquarium doit être placé à la bonne hauteur pour être observé facilement, dans l'idéal depuis son fauteuil ou canapé.

Un univers réduit dans un aquarium

Pour tenir compte de ces exigences, optez pour un aquarium en verre collé. Les animaleries proposent des modèles aux dimensions standards. Les soins à prodiguer à vos pensionnaires nécessitent néanmoins la plus grande superficie possible. De nombreux fabricants proposent donc des produits sur mesure.
Le choix d'un couvercle contenant le système d'éclairage dépend de plusieurs facteurs : la température de la pièce (savoir si elle est adaptée aux besoins des tortues) et l'emplacement de l'aquarium (à la lumière du soleil ou dans un coin plus sombre, où le système d'éclairage constituera une source lumineuse indirecte).

La bonne taille

L'espace dédié à la nage est le critère déterminant pour choisir la taille de l'aquarium. La partie émergée doit être juste suffisamment grande pour permettre à toutes les tortues de s'y tenir en même temps afin que les animaux plus faibles ne soient pas chassés et ne replongent la tête la première. La taille de l'aquarium est déterminée par le nombre et la taille des tortues. Si vous ne souhaitez qu'un ou deux animaux, choisissez un aquarium selon les critères suivants : longueur : sept fois plus grande que la tortue la plus grosse ; largeur : environ la moitié de la longueur. Pour chaque tortue supplémentaire, ajoutez environ un dixième de la superficie. La plupart des aquariums sont de forme oblongue, ce qui vous permet d'observer faci-

Quelques conseils

Les tortues apprécient le soleil. Si vous ne pouvez pas placer votre aquarium à un emplacement suffisamment lumineux, il est préférable d'opter pour des tortues de la famille des Cinosternes.

Dans l'idéal, vos tortues doivent profiter du rayonnement naturel du soleil.

Par ailleurs, la partie émergée de l'aquarium doit être éclairée par une source lumineuse chauffante, sous laquelle les animaux ne pourront pas se brûler.

La taille de l'aquarium dépend de la taille et du nombre de tortues.

lement vos petits pensionnaires. Leur largeur et leur hauteur, relativement faibles, facilitent l'utilisation et les soins aux animaux. Toutes les zones de l'aquarium doivent être accessibles. Si d'autres dimensions s'avèrent avantageuses pour des raisons d'espace, calculez la superficie nécessaire en conséquence.

Un exemple de calcul

Dans cet exemple, nous supposons que l'aquarium doit abriter trois tortues de Floride, un mâle et deux femelles, âgées d'environ 5 ans.
Supposons que la carapace de la tortue la plus grande mesure 17 cm. Pour deux animaux, nous avons donc besoin d'un aquarium sept fois plus long que la plus grande tortue, soit 120 cm (7 x 17 = 119). La largeur devant être la moitié de la longueur, l'aquarium doit être large de 60 cm.
Pour deux tortues, la superficie s'élève donc à 7 200 cm^2 (120 x 60), soit 0,72 m^2. Pour la troisième tortue, ajoutons 1/10e de la superficie (soit 720 cm^2), ce qui donne un total de 7 920 cm^2 (7 200 + 720 = 7 920) ou 0,792 m^2. Les dimensions peuvent donc être les suivantes : 130 x 60 cm ou 90 x 90 cm.

À SAVOIR

La taille minimum et l'idéal

Les exigences minimales concernant la taille de l'aquarium constituent un standard avec lequel on ne doit pas transiger. Dans l'idéal, optez pour un aquarium plus grand. **Ces exigences** supposent que les tortues vivant ensemble sont pacifiques. Toutefois, même les espèces ayant adopté un comportement social peuvent inclure des individus « antisociaux ». Dans ce cas, il faut agir et les séparer.

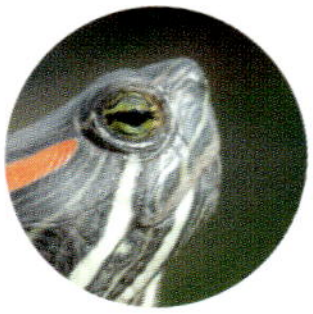

L'environnement idéal

Lorsque vous aménagez l'habitat de vos tortues, vous devez, dans la mesure du possible, recréer les conditions de leur environnement naturel.

La lumière et l'ensoleillement

Dans leur milieu naturel, les jeunes tortues sortent fréquemment de l'eau pour grimper sur des branches, un tronc ou des plantes.

Dans cet aquaterrarium sans couvercle, la partie émergée, près d'une fenêtre exposée au sud, bénéficie d'un bon ensoleillement.

- Le matin, le soleil réchauffe l'air beaucoup plus rapidement que l'eau. C'est pourquoi les animaux s'exposent au soleil surtout dans la matinée pour se réchauffer.
- Dans l'aquarium, la température à la surface de la partie émergée doit s'élever à 30-35 °C.
- Les tortues ont besoin d'être exposées aux UV pour synthétiser la vitamine D3, indispensable à la croissance des jeunes.
- Pendant l'été, si vous ne pouvez pas exposer l'aquarium à la lumière naturelle du soleil, vous devrez l'éclairer avec une lampe UV.
- La durée d'exposition et l'écartement de la lampe dépendent du produit. Vous devez donc lire attentivement les instructions d'utilisation.

Le séchage de la peau

Des champignons et des bactéries s'implantent souvent dans les plis cutanés des aisselles, du cou, des pattes et entre la dossière et le plastron de la carapace. Ils prolifèrent rapidement si l'animal est malade. Un séchage régulier et plus particulièrement la lumière UV permettent d'éliminer ces germes. Outre une alimentation adaptée,

À SAVOIR

→ Une mue sans problème

Pour que la mue se déroule sans problème, il est essentiel que les tortues puissent se sécher régulièrement à l'air et à la lumière.

Une alimentation optimale, avec tous les nutriments nécessaires, maintient la peau en bonne santé et s'avère également cruciale pour le bon déroulement de la mue.

le séchage de la peau favorise le déclenchement de la mue annuelle et donc la perte des écailles car ces dernières ne peuvent pas grandir avec la tortue.

Les bains de soleil

Vous remarquerez bientôt que les petites tortues chercheront à s'exposer à la lumière et à la chaleur (naturelles ou artificielles). Dès qu'elles trouvent le bon emplacement, elles étirent leur cou et exposent leurs pattes en forme de pagaie. Vous devez vous assurer régulièrement que toutes les tortues se comportent de la sorte. Il peut arriver que les animaux plus faibles soient repoussés et retombent dans l'eau au point d'être effrayés et d'apprécier de retrouver leur tranquillité dans l'eau pendant que leurs congénères s'exposent au soleil. Dans ce cas, intervenez et placez la tortue concernée dans un carton afin que sa peau sèche. De même, si une tortue reste longtemps en place sur la partie émergée après le coucher du soleil ou l'extinction de la lampe à rayonnement, on peut y voir le signe de déséquilibres. Vous devez alors essayer de

Un aquaterrarium doté d'un couvercle nécessite un éclairage et une source de chaleur rayonnante.

découvrir si la tortue reste sur la partie émergée pour échapper à ses congénères qui lui mènent la vie dure. Vous devez alors examiner plus attentivement le comportement du groupe pour éventuellement retirer la tortue en position d'infériorité. Ce comportement peut également s'expliquer par le fait que la tortue cherche à « guérir » sur la terre ferme une maladie de la peau ou de la carapace.

L'aménagement de l'aquarium

L'aquarium de vos tortues se compose de deux parties principales : une zone dédiée à la nage, qui doit être relativement étendue, et une partie émergée. Divers accessoires vous permettront d'agrémenter l'environnement de vos protégées. Ainsi équipé, l'aquarium embellira votre intérieur.

L'aménagement de la partie émergée est affaire d'imagination et de goût. Mais il convient de faciliter son nettoyage. Une structure composée de pierres (les interstices étant comblés par du sable), est certes agréable à regarder, mais aussi un véritable nid à bactéries.

La partie immergée sera agrémentée d'accessoires permettant aux tortues de se cacher et d'échapper à leurs congénères en formant des barrières visibles, avec des entrées et des sorties à différentes hauteurs.
D'un point de vue esthétique, nous aurions plutôt tendance à privilégier un sol sablonneux avec des plantes aquatiques et des branches et racines en direction de la surface.
De même, des plantes au-dessus de l'eau sont du plus bel effet. Toutefois, vous devez vous assurer que les tortues ne peuvent pas y accéder, les abîmer ou grimper dessus.

① ▲ Pour la partie émergée, vous pouvez utiliser des morceaux de liège, des branches, des racines ou des dalles de pierre que vous accrocherez ou coincerez dans l'aquarium. Ces éléments présentent une surface rugueuse et constituent autant d'emplacements secs et propres sur lesquels les tortues pourront s'exposer au soleil, tout en assurant un espace de nage suffisant. Une partie émergée plus étendue n'est pas nécessaire. Sur une surface plane, le plastron des tortues peut mal sécher. Des pierres, des morceaux de bois ou de liège arrondis sont donc plus appropriés.

2

▸ Pour créer un îlot dans l'aquaterrarium, vous pouvez utiliser divers matériaux : des racines (en haut) ou un pot de fleurs rempli de sable et surmonté d'une dalle de pierre, par exemple (en bas). En raison du travail que nécessite l'entretien de l'aquarium, il convient de remplacer le sable par quelques dalles de pierre et des plantes. De même, une « composition artistique » avec des pierres sera remplacée par des cailloux moins nombreux, mais fixes. Par ailleurs, lors de l'aménagement, veillez à ne pas limiter la zone de nage.

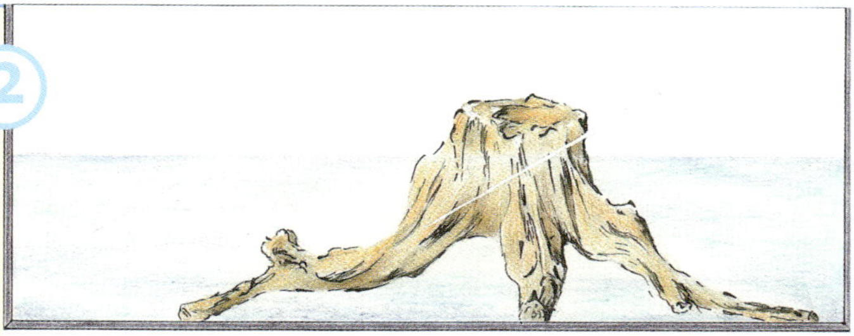

3

◂ Une vitre collée sert de séparation entre la zone de nage et le sable et l'amas de pierres (en haut). De grosses pierres placées dans l'eau pourront servir de rampe. Aménager la partie émergée en entassant du sable derrière un tas de pierres (en bas) n'est pas une bonne méthode, car l'eau va immanquablement la souiller. Quel que soit son type, la partie émergée sera surmontée d'une lampe à rayonnement, installée à la bonne distance, qui garantira aux tortues leur « place au soleil ».

De l'eau, de la lumière et de la chaleur

Une zone de nage à la bonne température joue un rôle prépondérant dans le bien-être de vos tortues.

La profondeur de l'eau

Au fur et à mesure que vos tortues vieillissent, vous pouvez augmenter le niveau de l'eau. Une tortue en bonne santé nagera et atteindra facilement la surface. Des pierres installées de manière stable ou des branches fixées solidement seront également très utiles.

▸ Les tortues sont de bonnes nageuses ; de ce fait, la profondeur de l'eau doit représenter le double de la longueur de la carapace de la tortue la plus petite.
Si nous reprenons notre exemple de calcul, dans lequel le mâle, avec ses 13 cm, est le plus petit occupant de l'aquarium, la profondeur de l'eau s'élèvera à 26 cm. Si nous ajoutons une hauteur de 24 cm au-dessus de l'eau, l'aquarium aura les dimensions suivantes : 130 x 60 x 50 cm.

L'eau est vitale pour les tortues. Une zone immergée suffisamment étendue leur permet de nager à leur guise.

L'emplacement

Le choix de l'emplacement de l'aquarium doit tout d'abord tenir compte du principe déjà évoqué : les tortues ont besoin de lumière et de chaleur.
La source de lumière et de chaleur la moins chère (et la meilleure) est le soleil, même si une paroi en verre s'interpose entre les rayons du soleil et la tortue.

▸ Pour les animaux, l'emplacement idéal est donc la proximité d'une fenêtre bien exposée. En été, les tortues doivent profiter du rayonnement solaire direct, près d'une fenêtre ouverte, sur un balcon ou dans votre jardin.

La température

Se réchauffer : c'est la deuxième condition de base pour une tortue en bonne santé.

Les tortues de Floride sont originaires des États-Unis, et plus précisément de la région comprise entre les États du golfe du Mexique au sud jusqu'aux grands lacs au nord de ces États.
Pour des raisons économiques, les étangs et fermes d'élevage sont exploités dans le golfe. Au sud, les tortues sont beaucoup plus nombreuses. C'est d'ailleurs dans cette région que l'on rencontre la densité de tortues la plus élevée dans la nature. Il est donc très probable que nos spécimens soient originaires de l'une de ces populations et adaptées aux conditions de vie de cette région.
En raison du climat subtropical du golfe du Mexique, les températures dépassent les 30 °C en été ; la chaleur y est étouffante et pesante.
L'automne et le printemps sont à peu près comparables à un été sous nos latitudes et l'hiver ressemble à notre automne. Cependant, pendant les premières années de leur vie, nous ne devons pas exposer nos jeunes tortues aux températures hivernales de leur pays d'origine.
Comme les conditions de vie en aquarium et l'alimentation que nous proposons aux tortues ne sont pas aussi bonnes que dans la nature, nous devons compenser en évitant d'exposer les tortues à des températures trop basses en hiver. Pour réchauffer l'aquarium, optez pour un combiné chauffant dont la puissance dépendra de la position du bac par rapport au radiateur de la pièce.
Dans les logements chauffés, une puissance de 0,5 watt par litre d'eau suffit généralement. Vous devez être attentif à la température de l'aquarium et, le cas échéant, choisir un dispositif avec une puissance différente.
La température de l'air doit être un peu plus élevée que celle de l'eau. Pour ce faire, il convient d'utiliser une lampe à rayonnement si le bac n'est pas directement exposé au soleil. Pour légèrement abaisser la température pendant la nuit, il suffit d'éteindre la lampe.

À SAVOIR

→ **Les températures recommandées pour les tortues du golfe du Mexique :**

Automne : 20 à 25 °C
Hiver : 15 à 20 °C
Printemps : 20 à 25 °C
Été : 25 à 30 °C.

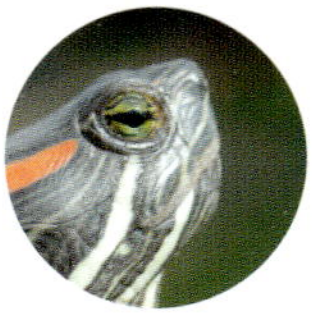

L'alimentation des tortues adolescentes

Pendant les premières années de leur vie, les tortues de Floride sont carnivores. Après avoir commencé par les plus petits organismes aquatiques, les tortues, en grandissant, auront besoin de « proies » toujours plus grosses. Dans le même temps, leur goût pour les plantes aquatiques s'accroîtra régulièrement.

Aliments vivants : à vous de jouer !

Si vous ne disposez pas toujours des aliments naturels de nos tortues (des daphnies aux larves d'insectes, en passant par les petits poissons), il faudra opter pour un ersatz. Les animaleries proposent ainsi une grande variété d'aliments secs et surgelés. Toutefois, les aliments vivants sont idéaux, même s'il ne s'agit que de mouches ou de sauterelles que vous et vos enfants aurez vous-même capturées avec une épuisette dans une prairie.

Ce « plancton végétal » renferme beaucoup de petits insectes que vous pourrez donner à vos tortues.

Les vitamines et les autres compléments

Si la nourriture des tortues se compose principalement d'aliments conservés, un complément en vitamines, en oligoéléments et en calcium est nécessaire. Pour ce faire, la méthode la plus simple consiste à paner de petits morceaux de bœuf adaptés à la bouche des tortues avec la préparation correspondante et d'en donner à chaque animal à l'aide d'une pincette, au-dessus de la surface de l'eau.

Quelle quantité ?

La qualité des aliments est essentielle. Il en est de même concernant la quantité. Afin de ne pas trop salir l'aquarium, vous devez proposer des rations que les animaux mangeront tout de suite. La nourriture ne doit jamais se trouver au fond de l'aquarium, sauf pendant les périodes de quarantaine et de traitement des tortues malades. Concernant les plantes aquatiques, les plantes sauvages (dont le pissenlit), les légumes et la salade, assurez-vous qu'ils proviennent d'un endroit sain. Dans tous les cas, vous devrez les laver soigneusement avant de les donner à vos tortues. Le régime végétal naturel comprend diverses algues, des plantes aquatiques, des plantes des marais et des plantes flottant à la surface, telles que la najade de Guadeloupe, le cornifle, la sagittaire et les algues filamenteuses. Ces plantes peuvent être difficiles à se procurer ; il est néanmoins bon de savoir que quasiment toutes les tortues aquatiques, quelle que soit leur origine, accepteront volontiers des pissenlits en guise de produit de remplacement.

Le jeûne

Pendant la première année, les jeunes tortues devront être nourries presque tous les jours. Cependant, les années suivantes, il conviendra de mettre en place un nombre croissant de jours de jeûne. C'est notamment le cas en hiver, saison que les tortues doivent aborder en ralentissant leur activité, comme dans la nature. Les phases de diminution et de renforcement de l'activité, associées aux variations des durées d'ensoleillement pendant l'année, sont utiles sur le plan biologique et maintiennent les animaux en bonne santé plus longtemps. Afin que les tortues puissent abaisser leur température corporelle et ralentir leur métabolisme, il faudra allumer la lampe à rayonnement uniquement de manière occasionnelle pendant l'hiver.

Dans la nature, les tortues cessent de s'alimenter lorsque la température est inférieure à 18 °C environ car elles ne peuvent plus digérer les aliments. Au printemps, lorsque les températures repassent au-dessus de 18 °C, les tortues reprennent leur activité normale.

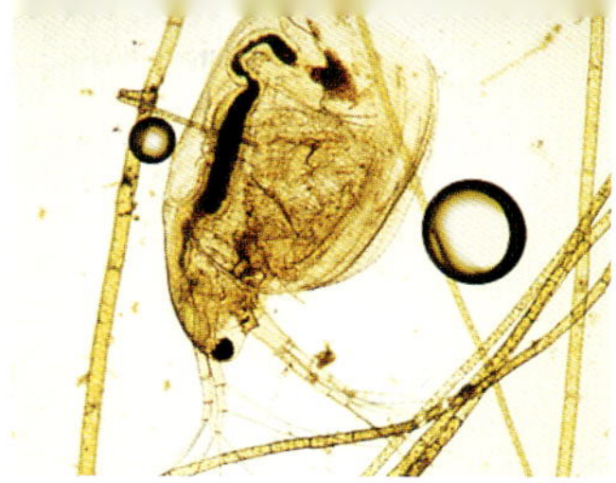

Divers aliments : (en haut à g.) larves de moustique rouge ; (en haut à d.) daphnies ; (au milieu à g.) limaces ; (au milieu à d.) lombrics ; (en bas à g.) morceaux de bœuf ; (en bas à d.) compléments en vitamines et en minéraux.

> **À SAVOIR**
> **Et les plantes ?**
> **Si vous souhaitez offrir des plantes fraîches** à vos tortues, optez pour des pissenlits, des plantes de prairies non traitées, des plantes aquatiques, des légumes et du chou, de la salade, des fruits mûrs. **Proposez plusieurs aliments** et laissez les tortues faire leur choix.

Un étang dans le jardin

Élever ses tortues toute l'année à l'extérieur (dans son jardin, sur une terrasse ou un balcon) est uniquement possible si le climat de leur milieu naturel d'origine est similaire à votre lieu d'habitation.

Creuser un étang

Si vous souhaitez élever des tortues peintes du genre *Chrysemys* en plein air toute l'année (en Europe), vous devez creuser un étang artificiel, que l'on appelle souvent, à tort, un biotope. Une fois le creusement terminé, un revêtement est généralement posé sur le fond. Si vous optez pour un bac que vous aménagerez à votre guise (voir page 12), l'eau gèlera intégralement en hiver. Cependant, certains points devront retenir votre attention si le bac est occupé par des tortues (contrairement à un étang d'ornement ou à un étang à poissons). Les tortues peintes sont de très bonnes nageuses lorsque la température dépasse les 15 °C. Lorsqu'il fait plus froid en automne, leur motricité se trouve de plus en plus affectée.

Aménager l'étang

Le profil de l'étang doit présenter, au moins sur deux de ses côtés, une rive plane ou, dans l'idéal, une zone où l'eau est peu profonde. Le revêtement de l'étang doit présenter une surface rugueuse. À la limite de l'enceinte réservée aux tortues, le bord de l'étang doit être sécurisé pour éviter toute tentative d'évasion : pour ce faire, le bord doit être vertical et la profondeur de l'eau devra s'élever à 20 ou 25 cm au maximum.

Entretenir l'étang

Un aquarium long de 1,50 m est considéré comme un grand modèle ; en revanche, un étang de 3 m de long sera considéré comme petit. Si l'étang est faiblement peuplé et peu planté, il n'est pas nécessaire de se lancer dans un nettoyage complet pour l'hygiène de l'eau. Vous devez uniquement contrôler le nombre de plantes mortes et les feuilles tombées dans l'eau. Une couche de 10 cm de vase est souhaitable et sera appréciée des animaux.

Les quartiers d'été

Une zone aménagée sur la terre ferme et suffisamment étendue jouera parfaitement le rôle de quartier d'été pour vos tortues. Les animaux originaires de Floride devront uniquement

Habitat aménagé près du mur d'une maison, avec un étang d'environ 4 m².

en profiter en plein été et, pour les tortues moins exigeantes sur le plan climatique (comme les *Trachemys scripta*), de la fin mai au mois de septembre.

Cas particulier

Sous nos latitudes, les températures en avril et en mai, période décisive pour la reproduction et plus particulièrement pour la maturation des œufs, sont souvent trop basses. J'ai donc partiellement recouvert mes étangs de manière à créer une serre transparente. Au printemps, le réchauffement de cette zone par le soleil est si fort que les tortues pondent des œufs féconds deux fois par an. Au final, j'ai trouvé la réponse à ma question. Je sais désormais ce qui anime les tortues en hiver, et ce grâce à un aménagement spécifique qui, je l'admets, exige beaucoup de travail et n'est pas réalisable par tous les amateurs de tortues : dans la serre, l'étang est délimité par une vitre verticale et le sol abaissé de manière à pouvoir les observer de l'intérieur comme dans un aquarium, et même sous la glace en hiver.

Seules les tortues adultes sont suffisamment robustes pour vivre en plein air sous nos latitudes.

À SAVOIR

Les stratégies de survie

Le mode de reproduction des trois espèces de *Chrysemys*, dont l'aire de répartition s'étend jusqu'aux contrées froides du Canada, est uniquement connu depuis quelques décennies : les œufs pondus au printemps se développent bien dans la chaleur de l'été et les bébés éclosent tout à fait normalement en août ou en septembre.

Les œufs pondus en été, en revanche, connaissent un retard de leur développement embryonnaire. Les bébés éclosent encore à la fin de l'automne, mais restent sur leur coquille d'œuf et gèlent complètement, enfouis à 10 cm dans le sol. L'épaisseur de la couche de neige est déterminante pour leur survie.

L'année suivante, en mars et avril, les jeunes dégèlent et quittent leur nid en mai, lorsque les températures sont redevenues agréables. Presque chaque année, je trouve ainsi des bébés tortues au bord de l'étang, au soleil.

Les aspects administratifs et réglementaires

Pendant des millions d'années, les tortues ont survécu, quasiment sans évoluer, aux variations de leur environnement et du climat. Depuis une centaine d'années, de nombreuses espèces sont néanmoins menacées d'extinction. Les lois et réglementations nationales ainsi que les accords internationaux sont les premières mesures de protection.

Les réglementations

Les personnes souhaitant exporter, importer, détenir, élever, acheter ou vendre des tortues doivent tout d'abord connaître les lois en vigueur dans leur pays.
Les animaleries, les jardins zoologiques, les vétérinaires, les institutions compétentes en matière de protection de la nature et des animaux, les organisations et associations spécialisées peuvent vous aider à en savoir plus.

La protection des espèces

Il convient de respecter les textes suivants :

- La Convention sur le commerce international des espèces de faune et de flore sauvages menacées d'extinction (Convention de Washington ou CITES).
- Le règlement européen relatif à la protection des espèces de faunes et de flores sauvages.
- L'arrêté du 10 août 2004 fixant les conditions d'autorisation de détention d'animaux de certaines espèces non domestiques dans les établissements d'élevage, de vente, de location, de transit ou de présentation au public d'animaux d'espèces non domestiques.
- Cet arrêté, modifié par celui du 24 mars 2005, fixe également les règles générales de fonctionnement des installations d'élevage d'agrément d'animaux d'espèces non domestiques.

Ces textes sont, entre autres, destinés à encadrer les conditions de commerce et de transport des animaux.
La disparition des espèces depuis un siècle est principa-

Commencer l'élevage de tortues en s'occupant d'un bébé nécessite certaines connaissances.

Recueillir des informations et apprendre : tel doit être votre credo afin que vos tortues soient en bonne santé.

lement imputable à la destruction des milieux naturels, ce contre quoi les lois et règlements existants visant à la protection des espèces ne permettent pas de lutter. Cela reviendrait à placer sous protection une personne malade en danger de mort. Les tortues ne sont pas vraiment concernées par ces textes, car les espèces plus rares ne sont pas commercialisées et celles qui sont facilement disponibles sont élevées dans des exploitations du Sud des États-Unis, évitant ainsi de menacer les peuplements naturels.

> À SAVOIR
>
> **Attention !**
>
> **Avant d'acheter**, vérifiez que vous disposez de l'espace et des ressources financières nécessaires et que vous aurez suffisamment de temps.
>
> **Assurez-vous d'être motivé** et d'avoir assez de patience pour accueillir chez vous des tortues qui pourront rester avec vous pendant des dizaines d'années.
>
> **Ne relâchez jamais** dans nos cours d'eau des tortues devenues trop grandes si jamais vous en êtes lassé.

La protection animale

▸ Que l'élevage de masse des animaux (et donc des tortues) soit une source de souffrance est un argument convaincant. Leur chemin de croix débute à leur naissance, se poursuit avec l'emballage, le transport et s'achève par leur arrivée dans les aquariums de personnes ignorantes du monde entier, qui ne leur offrent pas de conditions de vie appropriées.
Après l'élevage en masse et la limitation des exportations des tortues de Floride, qui s'élevaient chaque année à plusieurs millions, les circuits commerciaux se sont rabattus sur d'autres espèces de tortues du Sud des États-Unis. L'élevage de ces espèces s'avérant plus exigeant, ces tortues sont moins appropriées pour rester dans un aquarium d'intérieur.

Les soins et le nettoyage

Lorsque les jeunes tortues reçoivent des soins adaptés, elles grandissent rapidement et mangent des quantités croissantes de nourriture. Naturellement, elles rejettent plus d'excréments dans l'aquarium, qui, avec les restes d'aliments, ne manqueront pas de salir l'eau. La santé de vos protégées passe donc par le nettoyage régulier de leur environnement.

L'importance du changement d'eau

Au départ, les matières en suspension troublent l'eau. Les bactéries se multiplient et l'eau commence à dégager une mauvaise odeur. Une boue nauséabonde se forme dans les emplacements inaccessibles de l'aquarium, ouvrant grand la porte aux germes et agents pathogènes. Les filtres pour aquariums vendus dans le commerce sont conçus pour des bacs accueillant des poissons et sont loin d'être suffisamment performants pour un aquarium à tortues. Il faudrait utiliser de gros filtres à pompe centrifuge pour retirer toutes les matières en suspension et préserver un peu plus longtemps la propreté de l'aquarium, ne serait-ce qu'au niveau esthétique. Toutefois, pour éliminer les germes dangereux invisibles à l'œil nu, il convient de changer régulièrement et complètement l'eau de l'aquarium et de brosser tous les accessoires.

La propreté de l'eau est essentielle pour la santé de vos pensionnaires. Ci-dessus, une graptémyde à pointes noires (Graptemys nigrinoda nigrinoda) *remontant à la surface.*

L'écoulement au sol

Dans la mesure du possible, l'aquarium sera doté d'un système d'écoulement au sol relié au réseau des eaux usées. Malheureusement, les bacs équipés d'un tel système sont très difficiles à trouver dans le commerce. Si vous faites fabriquer un aquarium sur mesure, demandez à faire percer le trou correspondant. Si l'aquarium est déjà monté, un vitrier habile peut également faire ce trou dont le diamètre sera légèrement supérieur à celui du tuyau utilisé.

À SAVOIR

Propreté de la partie émergée

Au-dessus du niveau de l'eau, les restes de nourriture et les insectes morts laissés par les tortues devront être retirés régulièrement. En effet, le climat chaud et humide d'un terrarium constitue un environnement idéal pour la multiplication des bactéries et des champignons.

Les vis, les robinets d'arrêt et le tuyau d'écoulement sont disponibles dans les animaleries. Vous pourrez également les trouver dans les magasins de bricolage. Si l'on considère qu'un changement hebdomadaire de l'eau est généralement nécessaire en fonction du nombre de tortues et du volume d'eau, on réalise combien un système d'écoulement facilite grandement le travail. Dans le cas contraire, le laisser-aller qui peut s'installer progressivement avec le temps face au nettoyage de l'eau peut non seulement perturber l'harmonie familiale, mais également nuire à la santé des tortues. Et personne n'a rien à y gagner.

Dans ce grand aquarium, il ne manque qu'un demi-mètre carré à la partie émergée (remplie de sable) pour retrouver plus facilement les œufs.

L'aspiration

L'autre solution remplaçant un système d'écoulement fixe consiste à aspirer l'eau avec un tuyau souple. Une extrémité du tuyau sera placée dans l'aquarium, l'autre dans un seau, situé plus bas que le niveau de l'eau de l'aquarium. En aspirant l'eau au niveau de l'extrémité se trouvant dans le seau, l'aquarium commencera automatiquement à se vider, en raison de la différence de pression. Dans tous les cas, cette opération doit être réalisée à l'aide d'une balle en caoutchouc spécialement destinée à cet usage, disponible en animalerie. Pour des raisons d'hygiène, vous ne devez pas aspirer l'eau avec la bouche. En effet, les tortues, même en bonne santé, peuvent transmettre la salmonellose. Vous pourriez alors tomber malade.

Des soins et de l'attention

Les tortues adultes

Les tortues de Floride sont considérées comme adultes à l'âge de cinq ans. Elles ont alors atteint leur maturité sexuelle, ce qui influe sur leur comportement.

Dès la 3e année, on constate que les femelles et les mâles ne grandissent pas au même rythme. Par la suite, la forme de leur corps évolue différemment : la carapace des mâles tend à rester plus plate, leur tête est généralement plus fine et le nez plus pointu. C'est au plus tard à partir de la 5e année que leur queue s'allonge de manière notable et s'épaissit au niveau de sa base, de manière plus marquée que la femelle qui, entre-temps, est devenue plus grande que son congénère masculin. L'ouverture du cloaque du mâle est plus proche de l'extrémité de la queue. Lorsque cette dernière est tendue, le cloaque se trouve en dehors de la dossière. Chez la femelle en revanche, le cloaque est plus proche du plastron.
Entre 5 et 7 ans environ, les griffes des pattes antérieures des mâles poussent beaucoup plus vite. Grâce à cette croissance rapide des griffes, on sait alors que le mâle a atteint sa maturité sexuelle (voir photographies page 52). Le dessin des parties molles et les contrastes entre les couleurs restent à peu près les mêmes chez le mâle ; chez la femelle, en revanche, ils s'estompent de manière notable.
Bien que les tortues grandissent toute leur vie, elles ont déjà presque atteint leur taille maximale à l'âge de 10 ans. La carapace des mâles mesure désormais 16 à 20 cm, contre 20 à 25 cm chez les femelles, ces dernières pesant deux à trois fois plus que leurs congénères masculins.
Les tortues de Floride vivent de 30 à 50 ans.

Le mâle (en haut) est un peu plus petit et présente une carapace moins arrondie que la femelle.

Le comportement territorial

Lorsqu'elles atteignent leur maturité sexuelle, de nombreuses tortues déve-

Pour grandir, les tortues doivent se débarrasser régulièrement de leurs fines écailles externes.

loppent souvent un comportement territorial. En d'autres termes, elles ne supportent plus la présence de leurs congénères du même sexe, deviennent agressives en les rencontrant ou essaient de les chasser de leur territoire.
Il peut également arriver que les mâles, poussés par leur instinct sexuel, poursuivent et harcèlent les femelles. Ces dernières tentent alors de se mettre en sécurité en se cachant, en fuyant ou en se réfugiant sur la partie émergée. Elles peuvent ensuite devenir craintives et stressées au point d'être assoiffées et de ne plus aller chercher à manger.
Pour empêcher ce stress, les blessures résultant de morsures et des conséquences plus graves encore, la séparation des animaux belliqueux peut être inéluctable. Même de grosses femelles peuvent devenir des trouble-fête : elles harcèlent les autres femelles sur leur territoire et leur infligent des morsures.
On repère les animaux opprimés et affaiblis lorsqu'ils changent de comportement : ils nagent de manière craintive, les pattes postérieures rentrées, restent longtemps dans un coin tranquille de l'aquarium, ne viennent quasiment plus chercher à manger ou se réfugient sur la partie émergée.

À SAVOIR

La mue

Le squelette des tortues, qui comprend également la partie osseuse de la carapace, grandit.
La peau qui le recouvre et se présente sous la forme de plaques sur la carapace doit se renouveler régulièrement. La tortue se débarrasse de cette couche cornée lors de la mue.

L'habitat de vos protégées

En principe, le calcul de l'espace nécessaire aux adultes suit la même règle que pour les tortues jeunes.
Si vous vous occupez de plusieurs animaux, les animosités provoquées par un comportement territorial peuvent toutefois indiquer que l'aquarium, dont la taille est calculée conformément à la formule présentée page 27, est beaucoup trop petit.

Plus de place

Même si vos tortues s'entendent bien, un aquarium de grande taille s'avère nécessaire puisque nous savons que la longueur de l'aquarium doit être égale au septuple de la taille de la carapace de la plus grosse tortue. Avec une carapace de 25 cm, on arrive déjà à 1,75 m ! Et comme la largeur correspond à la moitié de la longueur, nous obtenons ici 90 cm.
Du fait de ces dimensions, l'aquarium devra être construit sur mesure et, en raison des problèmes de transport, peut-être même collé sur place.
Ainsi, si vous souhaitez acquérir des tortues d'aquarium, vous devez tout d'abord savoir si vous pourrez faire face aux futures exigences de vos compagnes en termes d'espace.

Des températures plus fraîches

Les tortues de Floride en bonne santé peuvent supporter des températures plus basses et même subir une différence thermique semblable à celle de leur milieu naturel, que ce soit sur une journée ou une saison.

Réussir son élevage

Cet écart de température est une condition nécessaire pour offrir à vos tortues des

Exemples simples d'aménagement pour des tortues adultes vivant dans un aquaterrarium.

conditions de vie adaptées. Il est donc possible d'abaisser la température de l'eau en hiver.
Même en Europe, les animaux en bonne santé peuvent passer l'hiver dans la vase d'un étang de jardin. Seul un couvercle transparent au-dessus de l'étang (principe de la couche froide) ou une serre permettent d'obtenir les températures nécessaires au printemps, qui sont cruciales pour le comportement sexuel des animaux qui s'éveillent après le repos hivernal. Sans un tel dispositif, vous devrez renoncer à voir vos tortues se reproduire si elles sont élevées en plein air. Si elles vivent dans votre logement que si vous souhaitez qu'elles se reproduisent, vous devrez leur aménager un espace pour la ponte des œufs, au moins pendant les mois de mai, juin et juillet.

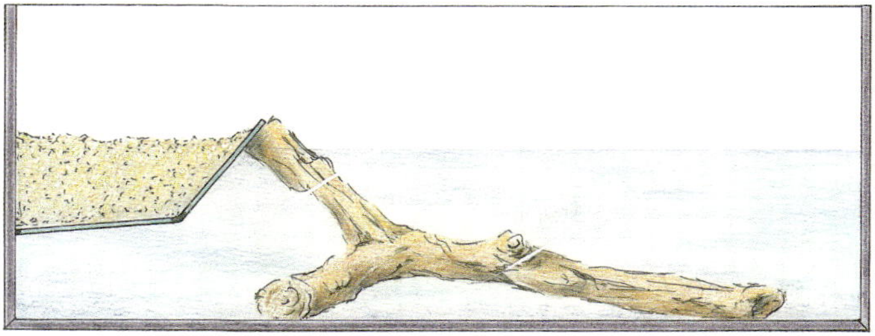

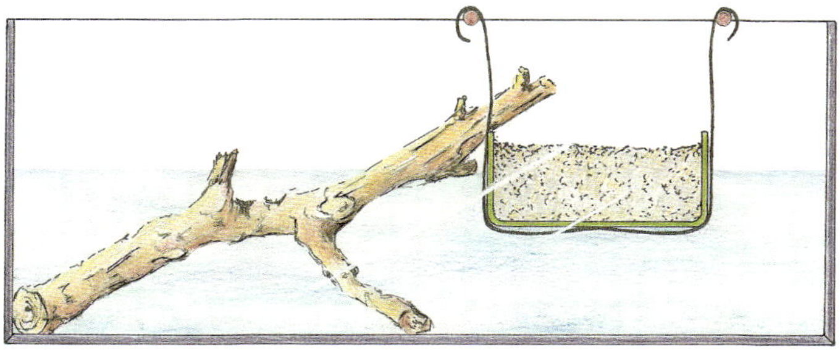

Aménagements spécifiques pour la ponte des œufs. En haut : une plaque en verre est collée et la fosse ainsi obtenue remplie de sable. En bas : un bac en plastique rempli de sable accueille les œufs. Cet emplacement doit être réchauffé chaque jour avec un spot.

Une partie émergée supplémentaire

Pour la partie émergée, vous pouvez vous inspirer des conseils du chapitre consacré aux tortues plus jeunes. Toutefois, pour que la femelle ponde ses œufs, vous avez besoin d'un substrat dans lequel les femelles les enfouiront.
La mise en place d'un bac supplémentaire s'avère ici judicieuse. Ce dernier sera étanche, rempli de sable, en verre collé au silicone ou en plastique. Il devra également être suffisamment grand afin que deux ou trois tortues puissent y prendre place. La profondeur du bac devra être de 12 à 15 cm. Cependant, les tortues emmènent du sable dans l'eau lorsqu'elles quittent le bac. De nombreux propriétaires accrochent donc un bac de ponte uniquement au printemps.

À SAVOIR

À surveiller

Si vous souhaitez élever des tortues, vous devez leur proposer une alimentation de qualité.
Vous devez veiller à reproduire leur « tissu social » en simulant les variations climatiques quotidiennes et saisonnières.
Automne : 20 à 25 °C
Hiver : 10 à 15 °C
Printemps : 15 à 25 °C
Été : 25 à 30 °C.

L'alimentation et l'hibernation

Le régime alimentaire des tortues de Floride est varié et comporte, pour plus de la moitié, des végétaux. Au fil des saisons, les quantités peuvent fortement varier.

Quelle quantité ?

Les tortues de Floride adultes se nourrissent d'aliments variés, dont plus de la moitié de végétaux. Bien que la quantité de nourriture augmente avec le temps, il convient de nourrir vos protégées deux à trois fois par semaine pendant leur phase active et jamais jusqu'à ce qu'elles soient complètement rassasiées. Soyez attentif pour voir si les tortues ont bon appétit et sont en forme.

Pendant le repos hivernal

Pendant cette phase, les tortues se nourrissent très peu. Le métabolisme et la digestion sont au repos pendant deux à trois mois, à une température d'environ 10 °C.

Améliorez la valeur nutritionnelle des aliments vivants du commerce en les saupoudrant d'un complément en vitamines et en minéraux.

Où mettre sa tortue pour qu'elle hiberne ?

Dans une habitation, les conditions de température propices à l'hibernation des tortues sont généralement uniquement réunies dans une véranda ou un jardin d'hiver. Si cela n'est pas possible, les tortues seront transférées dans une cave ou un abri de jardin. Pendant cette période, il est essentiel de les contrôler régulièrement. Pendant l'hibernation, les tortues mangent très peu et ne rejettent pas d'excréments. Il est donc possible de mettre du sable en guise de substrat. Des morceaux de liège offrent une protection permettant aux animaux de se sentir en sécurité.
La zone de repos n'a pas besoin d'être particulièrement étendue. Par ailleurs, l'eau n'a pas besoin d'être très profonde ; une profondeur légèrement supérieure à la largeur maximale de la carapace est suffisante.

Ainsi, une tortue qui se retrouve sur le dos peut se retourner. En outre, lorsqu'elle se repose, l'animal peut aller chercher de l'air sans effectuer de mouvement de nage.
Il n'est pas nécessaire de changer l'eau. Dans une eau propre et froide (riche en oxygène) à moins de 10 °C, les tortues ralentissent leur métabolisme et minimisent leur consommation d'énergie.

Un bac spécifique pour l'hibernation.

La fin de l'hibernation

Les transitions entre l'automne et l'hiver, puis entre l'hiver et le printemps doivent être progressives en termes de lumière, de température et d'alimentation. Le début et la fin trop brutales de l'hibernation sont néfastes pour les animaux. Lorsque les températures repartent à la hausse au printemps, vous constaterez, à l'occasion de vos contrôles de routine, que les tortues deviennent plus actives. Il est alors temps d'augmenter la température de leur environnement et de leur donner plus de nourriture. Si l'aquarium ne se trouve pas près d'une fenêtre ou n'est pas exposé aux rayons du soleil, réchauffez les animaux à l'aide d'une lampe à rayonnement.
Quant à la question de savoir si les tortues doivent obligatoirement hiberner en hiver, la réponse est non, du moins pour les espèces originaires du golfe du Mexique. Si vous souhaitez voir des tortues actives chez vous en hiver ou si vous ne disposez pas d'une pièce ou d'un emplacement plus frais pour leur hibernation, respectez le principe suivant : les températures de l'air et de l'eau ne doivent pas être inférieures à 18 °C. Sinon, les tortues consomment trop d'énergie tout en recevant insuffisamment (car elles ne mangent pas dans ce cas). Elles finiraient donc par s'affaiblir, augmentant inévitablement leur sensibilité aux maladies.
Pendant la journée au moins, la température de l'eau devra être légèrement supérieure à 20 °C afin d'inciter les tortues à se nourrir et donc de couvrir leurs besoins en énergie.

À SAVOIR

L'hibernation

Pendant leur phase de repos, les tortues consomment très peu d'oxygène. Leur cloaque leur permet en outre de capter l'oxygène de l'eau, ce qui leur évite de revenir à la surface pour respirer lorsqu'elles sont profondément endormies.

Les maladies les plus fréquentes

Si vous respectez scrupuleusement les conseils de ce livre, vos tortues ne devraient guère connaître de problèmes et être épargnées par de graves maladies. La plupart du temps, l'inattention et le manque d'application au niveau des soins sont à l'origine des problèmes. La prévoyance est néanmoins beaucoup plus efficace et facile à mettre en place que le meilleur des traitements. L'apparition des maladies est principalement due à la dégradation de l'état général des tortues.

Reconnaître les signes d'une maladie

Apathie, indolence, comportement inhabituel, yeux gonflés, modifications de la surface de la peau et de la carapace, infestation des parties molles par des champignons et, enfin, refus de s'alimenter sont autant de signes qui apparaissent fréquemment en cas de maladie.
Les maux décrits ci-après doivent uniquement être traités à leur stade initial en éliminant leurs causes et en utilisant les remèdes recommandés. Si l'état de santé de la tortue ne s'améliore pas rapidement, consultez votre vétérinaire.

Les yeux

▸ **Symptôme :** les yeux sont gonflés ou fermés en permanence.

▸ **Les causes des maladies oculaires** sont les suivantes : blessures, eau sale ou carence en vitamines. Les animaux restent généralement sur la partie émergée et refusent de s'alimenter.

▸ **Le traitement** consiste à renouveler l'eau, à nettoyer les yeux avec un tampon imbibé de camomille et à donner, avec une pincette, des aliments enrichis en vitamines.

Les voies respiratoires

▸ **Symptôme :** la tortue a du mal à plonger et se déplace en biais à la surface. Une infection des voies respiratoires provoquée par des courants d'air en est souvent à l'origine. La tortue peut difficilement ou pas du tout rester sous l'eau. Elle expulse des sécrétions visqueuses de son nez et de sa bouche.

▸ **Le traitement** consiste à augmenter la température de l'eau et de l'air, ainsi que le taux d'humidité. Toutefois, l'atmosphère ne doit pas être étouffante. Faites également inhaler les vapeurs d'une décoction chaude de camomille. La température de la

Administrer les médicaments

Respectez scrupuleusement la posologie du vétérinaire et suivez ses recommandations pour administrer les médicaments.

Consultez votre vétérinaire avant de décider de donner des médicaments à votre tortue. Un diagnostic ou un traitement établi par vos soins peut s'avérer plus néfaste que bénéfique.

Ne donnez pas de médicaments périmés. Ces derniers doivent être jetés.

Cette jeune tortue de Floride, mal en point, semble souffrir d'un manque chronique d'exposition à la lumière UV et d'une carence en vitamines. Dans de rares cas, cette déformation de la carapace peut avoir une cause génétique.

décoction doit être définie de manière à faire inhaler à la tortue des vapeurs de 30 à 35 °C lorsque cette dernière se trouve sur une grille, directement au-dessus du récipient.

Les infections fongiques

Les infections dues aux champignons sont souvent provoquées par les impuretés présentes dans l'eau, l'air froid et humide et l'impossibilité, pour les tortues, de se sécher sur la terre ferme. Les dégradations cutanées apparaissent particulièrement au niveau des plis du cou et des pattes, et entre les orteils. Les tortues veulent rester constamment sur la terre ferme et ne mangent pas. Le traitement consiste à les garder par moments au sec, à leur proposer une chaleur rayonnante (si possible le soleil du matin) et à ajouter dans l'eau un produit fongicide en respectant les doses prescrites.

Les lésions de la carapace

Une nécrose de la carapace se manifeste sous la forme de zones ramollies qui se décomposent et s'étendent progressivement. Les causes, les tableaux cliniques et le traitement sont similaires à ceux des infections fongiques. Le ramollissement de la carapace est provoqué par un trouble du métabolisme du calcium, une alimentation inappropriée ou un manque de lumière UV. La carapace semble tout d'abord trop se ramollir, elle se développe de manière irrégulière et, à un stade avancé de l'affection, se déforme.
Le traitement est uniquement possible lorsque l'affection se trouve dans sa phase initiale ; il consiste en une nourriture riche avec des aliments vivants et des compléments vitaminés, et une exposition régulière au rayonnement UV.

La reproduction

Assister à l'accouplement des tortues est particulièrement intéressant. Il convient néanmoins de ne pas les déranger ; c'est pourquoi il faudra idéalement les observer à partir d'un coin sombre de la pièce.

L'accouplement

Dès que les températures augmentent en hiver, les mâles vivant dans la nature sont actifs. Il faut cependant attendre avril et mai avant le point culminant de l'accouplement.
Le mâle se rapproche de sa partenaire par l'avant, étend ses pattes antérieures vers elle et fait vibrer ses longues griffes devant sa tête. La femelle montre son consentement en restant tranquillement au fond de l'eau et, souvent, soulève son abdomen en tendant ses pattes arrière. Ensuite, le mâle nage autour d'elle en suivant une large courbe, se rapproche par l'arrière, flaire minutieusement la région caudale et prend appui sur ses pattes arrière. Il est fréquent que ces étapes se répètent des journées entières, jusqu'à ce que le mâle se mette en position derrière sa partenaire, quasiment en position verticale, entoure la queue de la femelle avec la sienne, entraînant le contact des deux cloaques et la copulation.

La queue du mâle (en haut) est plus longue et plus large à sa base. Chez la femelle (en bas), l'ouverture du cloaque est plus proche du plastron.
À droite : longues griffes des pattes antérieures d'un mâle en âge de se reproduire.

L'accouplement se déroule selon un rituel bien codifié. Le mâle commence à courtiser la femelle en se plaçant devant elle. Il nage ensuite autour d'elle et s'appuie sur la femelle par l'arrière.

La ponte

À l'image d'autres espèces de reptiles, c'est la température qui, chez de nombreuses tortues, détermine le sexe des bébés pendant l'incubation des œufs.

Dans la nature

Au Sud des États-Unis, les tortues de Floride pondent les œufs d'avril à juillet. Chaque femelle peut pondre jusqu'à cinq fois par an, entre 3 et 20 œufs. Le nombre d'œufs pondus augmente avec la taille de la femelle. La profondeur du trou accueillant les œufs, qui varie de 9 à 13 cm, dépend également de sa taille. Les œufs des femelles plus grosses, enfouis plus profondément, sont moins chauffés par le soleil que les œufs plus proches de la surface, enterrés par des femelles plus petites. Une température d'incubation supérieure à 29 °C favorise majoritairement la naissance de femelles. En dessous de 28 °C, ce sont surtout des mâles qui naissent. De ce fait, les femelles plus grosses donnent naissance à un plus grand nombre de bébés mâles.

Pour pondre ses œufs, la femelle creuse un trou dans le sable avec ses pattes postérieures.

Chez vous

Comme la température influe sur le sexe des bébés tortues, nous pouvons en tirer profit si nous souhaitons élever plus précisément des mâles ou des femelles. Déterrer les œufs ou les laisser dans le sable du bac de ponte dépend de plusieurs facteurs : les autres femelles qui pourraient abîmer les œufs en creusant le sable ou l'obtention de la bonne température, combinée à un taux d'humidité élevé. Dans tous les cas, la température ne devra jamais être inférieure à 24 °C dans le bac de ponte.

On distingue clairement le diamant à l'avant de la tête de ces tortues à toit (Kachuga tecta). *qui viennent d'éclore.*

Aménager un incubateur

Vous pouvez fabriquer un incubateur simple à l'aide d'un aquarium en plastique, dans lequel vous placerez une brique. Le récipient contenant les œufs sera ensuite posé sur la brique. Dans le cas le plus simple, il est possible de transférer directement le récipient. La situation peut se compliquer si les œufs sont déterrés et doivent être placés dans un nouveau bac. En effet, ils doivent être enfouis dans la même position car, chez la plupart des espèces, tourner un œuf provoque la mort de l'embryon. Il est alors judicieux de marquer les œufs avec précaution, avec un crayon gras très tendre par exemple. Quant au substrat, il pourra être composé d'un mélange terre-sable légèrement humide.

Si le bac de ponte est étanche, il suffit de remplir l'aquarium en plastique avec de l'eau chaude de manière à le baigner, mais sans l'inonder. Pour éviter le desséchement des œufs, il est préférable d'utiliser un récipient en terre, comme un pot de fleurs. Ce dernier devra toutefois être au-dessus du niveau de l'eau. La température de l'eau sera réglée à l'aide d'un combiné chauffant de manière à ce que la température du nid varie de 25 à 31 °C. Pour garantir une humidité suffisante pour l'incubation, vous devez recouvrir l'aquarium tout en laissant un petit espace pour le passage de l'air.

À SAVOIR

L'influence de la température

Si la température est supérieure à 29 °C, les bébés tortues seront majoritairement des femelles.
Si la température est inférieure à 28 °C, plus de mâles viennent au monde.
Contrôler le sexe des bébés est ainsi possible.

La nursery

La plupart des espèces de tortues d'aquarium ne sont pas menacées dans leur aire de répartition. Cependant, vous devez considérer la naissance et l'élevage de bébés tortues en pleine santé comme un défi particulier.

L'éclosion

La fécondité et le bon développement des œufs dépendent de l'état de santé des parents.
Les œufs éclosent approximativement 60 à 80 jours après la ponte. Les bébés restent souvent quelques jours de plus dans l'œuf après en avoir cassé la coquille. Pendant cette période, ils déplient leur dossière, légèrement enroulée au départ, et éliminent les restes du sac vitellin. Ce n'est que par la suite qu'ils laissent leur œuf.
Les premiers jours, les bébés n'ont pas besoin de se nourrir. Pendant les premières semaines, les conditions d'élevage seront similaires à celles de la quarantaine (voir page 22). Vous devez vous occuper soigneusement des jeunes et, dans un premier temps, ne les mettre en aucun cas avec des tortues plus âgées.

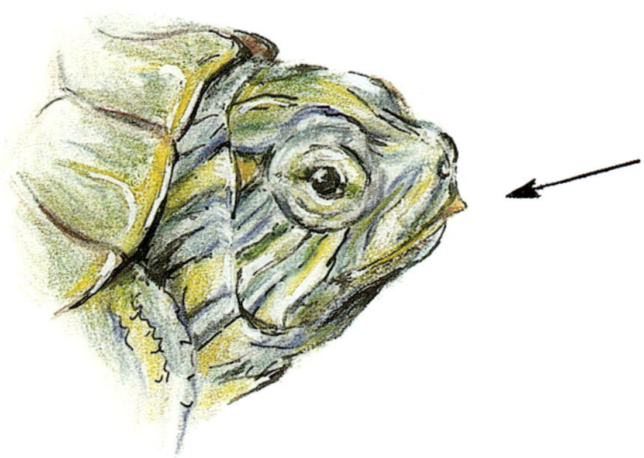

1 ◂ **Bien armé.** Situé sur le bord supérieur de la bouche, le diamant (sorte de petite dent cornée) et accessoirement leurs pattes antérieures permettent aux bébés tortues de casser l'œuf de l'intérieur. Dans le golfe du Mexique, les tortues pondent leurs œufs d'avril à juillet. Pendant l'incubation, la température s'élève approximativement à 25-30°C. Les bébés éclosent environ 70 jours après.

2

▸ **L'éclosion** est pour les bébés une épreuve très pénible, qui nécessite un certain temps. Ils doivent casser l'œuf de l'intérieur, à l'aide du diamant situé sur la mâchoire supérieure et agrandir l'ouverture de manière à s'en extirper entièrement. Les bébés disposent pour ce faire de réserves d'énergie suffisantes. Des complications peuvent malgré tout survenir, par exemple si la température et l'humidité dans le nid ne sont pas adéquates.

3

◂ **Très délicats,** les bébés fraîchement éclos des tortues de Floride sont à peu près aussi gros qu'une pièce de deux euros. Pendant les premières heures de leur vie, ils s'alimentent encore avec leur vitellus. Le régime alimentaire des jeunes se composera principalement de petits êtres vivants et de plantes aquatiques (voir page 24). Les bébés grandissent vite. À la naissance, leur carapace mesure 2,5 cm ; au bout d'un an, ils atteignent 5 à 7 cm, soit le double ou le triple de leur taille d'origine.

Pendant les vacances

Les tortues élevées en liberté

De grosses tortues en bonne santé qui restent à l'extérieur en été peuvent facilement rester deux semaines sans être alimentées et recevoir des soins. Cela suppose naturellement que vous ayez vérifié que l'étang ne débordera pas en cas d'orage, que les chiens et les chats ne pourront pas attraper les tortues ou, si vous partez à l'automne, que vous ayez pris en compte les dégâts que pourraient causer les premières gelées. Celui qui vous remplacera pendant vos congés doit uniquement vérifier que des branches tombées des arbres ou des plantes déracinées ne servent pas de passerelle aux tortues qui leur permettraient de s'enfuir.

Les tortues élevées en intérieur

Si vos tortues restent chez vous en été, il est souvent plus intéressant de ne pas leur donner à manger pendant une ou deux semaines car, à votre retour, vous seriez assailli par l'odeur nauséabonde de leur aquarium.
Dans ce cas, vous devez cesser d'alimenter les tortues deux à trois jours avant votre départ afin qu'elles puissent vider leur intestin. De même, les animaux vivant en liberté doivent occasionnellement traverser des périodes de jeûne, fût-il naturel ou imposé, comme c'est le cas ici.
En votre absence, la température de l'aquaterrarium pourra être un peu plus basse. Cela réduit l'appétit de vos protégées, fait gagner du temps à votre remplaçant (qui passe moins de temps à les nourrir) et ralentit la pollution de l'eau ; si vous possédez peu de tortues, il peut même être superflu de changer l'eau pendant cette période (ce qui peut être difficile à demander à une personne inexpérimentée, notamment si l'aquarium n'est pas doté d'un système d'écoulement). Votre remplaçant doit vérifier de nombreuses choses ; s'il oublie par exemple d'éteindre le chauffage de l'aquarium, les animaux peuvent être brûlés ou le chauffage peut être détérioré. Naturellement, avant votre départ, il ne faudra pas tester de nouveaux aménagements : amas de pierres susceptibles de tomber, racines sous lesquelles les tortues pourraient se coincer ou tortues qui pourraient ne pas s'en-

Ce dont votre remplaçant a besoin

Il n'a pas besoin d'être un spécialiste. Cela serait naturellement intéressant, mais il est plutôt rare de trouver une telle personne dans son entourage.

Il est essentiel qu'il ait conscience de ses responsabilités, un certain intérêt envers les tortues, et aucune crainte vis-à-vis d'elles.

De l'habileté pour les travaux manuels, et surtout un peu de temps pour contrôler et observer vos pensionnaires sont en outre souhaitables.

Vous pourrez partir en vacances rassuré si vous savez que vos tortues sont confiées aux bons soins d'une personne expérimentée.

tendre avec vos autres pensionnaires. Dès le départ, il est préférable de miser sur la sécurité ; vous serez alors plus tranquille pendant votre absence et assuré de ne pas connaître de désagréments fâcheux à votre retour.
En hiver, la température doit être de toute façon plus basse si vos tortues sont adultes. Par conséquent, aucun suivi particulier ne sera nécessaire pendant cette période.

Avec les bébés

La situation est différente si vous possédez des bébés tortues. En effet, ces derniers ne peuvent pas rester sans manger pendant plusieurs jours. Vous devez donc trouver un remplaçant qui s'occupera des tortues en votre absence.

Une bonne organisation

Demandez à votre remplaçant de donner au maximum la moitié de la ration alimentaire habituelle.
Les tortues doivent manger cette ration réduite pendant la visite de leur soigneur intérimaire. Lors du contrôle, chaque animal doit être observé à l'aide d'une liste pour vérifier qu'ils se comportent tous de manière normale. Si une tortue semble malade, elle devra être isolée du reste du groupe. Prévoyez à cet effet un bac de secours doté d'un équipement rudimentaire.
Les animaux morts doivent être retirés immédiatement car ils constituent un risque de pollution et d'infection.
Outre l'entretien et le contrôle des tortues, votre remplaçant réalisera les opérations suivantes : vérification de l'étanchéité de l'aquaterrarium, des raccords des tuyaux et de l'équipement technique.

À SAVOIR

Pour une transition en douceur...

Montrez à votre remplaçant les opérations de routine à réaliser.
Préparez-lui suffisamment de rations alimentaires.
Indiquez-lui la fréquence des changements d'eau et montrez-lui comment procéder.
Communiquez-lui quelques informations importantes (vétérinaire, adresse de votre lieu de vacances, numéros de téléphone fixe et portable) en cas de questions ou d'urgence.

Coin infos

L'auteur et l'illustrateur

▸ **L'auteur** Reiner Praschag est architecte, spécialisé dans l'aménagement du cadre de vie des animaux sauvages vivant avec l'homme. Depuis des années, il se concentre sur l'élevage responsable des tortues. Il en a lui-même possédé et élevé de nombreuses espèces. Considéré comme un expert en herpétologie et en terrariophilie, il a rédigé divers ouvrages et publications.

▸ Les dessins ont été réalisés par **Siegfried Lokau** (Wattenscheid).

Crédits photographiques

Uwe Dost, Stuttgart : photographie de la page de titre et pages 8, 15 (1re et 2e à partir du haut), 16, 18, 19 (en bas), 32, 37, 38, 39 45, 59, 65 en haut à gauche et au milieu. **Astrid Falk**, Bonn : page 35, tout en bas à droite. Fotonatur. de/**Hans-Wilhelm Grömping** : pages 20 et 42. **Dr Eva-Maria Götz**, Stuttgart : page 5 en bas à gauche. **Susanne Güth**, Aumühle : page 35, en haut à droite. **Regina Kuhn**, Herleshausen : pages 4, 14 (1re à partir du haut et tout en bas), 17, 19 en haut (2e), 24 (2e), 25, 27, 33, 48, 52 (3e), 57 en bas à droite, 64, 65 en haut à droite.
Reiner Praschag, Graz, Autriche : pages 3, 6, 7, 11, 12, 13, 14 (2e et 3e à partir du haut), 15 (3e à partir du haut et tout en bas) 22, 36, 40, 41, 51, 55, 65 en bas. **Kurt Rimpp**, Renningen : page 3 en haut à gauche et les deux photographies du milieu. **Thomas Wendt**, Wilhelmshaven : page 34.

L'édition originale de ce titre a été publiée
en allemand sous le titre « Wasserschildkröten »
© 2007, Stuttgart (Hohenheim).

Traduit de l'allemand par : Frédéric Magnant
(Carpe Sensum)

© 2009 Les Éditions Ulmer
24, rue de Mogador
75009 Paris
Tél. : 01 48 05 03 03
Fax : 01 48 05 02 04
Internet : www.editions-ulmer.fr

Réalisation : Bénédicte Dumont
Suivi éditorial : Raphaèle Dorniol
Impression : Alcione, Trento
Printed in Italy

Dépôt légal : 1er trimestre 2010

ISBN : 978-2-84138-451-8
N° d'édition : 451-02

Responsabilité

L'auteur et **l'éditeur** se sont efforcés d'apporter les informations les plus fiables possibles. Des erreurs ne peuvent toutefois être totalement exclues. Aucune garantie quant à l'exactitude des informations ne peut donc être donnée. Leur responsabilité pour les dommages éventuels qui pourraient en résulter ne pourra être juridiquement invoquée.

Index

Également aux éditions Ulmer

ANIMAUX DE TERRARIUM

Par A. Falk

64 pages, 17x 21,5 cm

ISBN : 978-2-84138-417-4

7,90 €

L'univers des petites Exploratrices

Tes tortues ne chercheront pas à faire des câlins. Mais il est passionnant d'observer ces animaux qui peuplaient la Terre bien avant l'apparition de l'homme.

Tu peux en savoir plus sur leur comportement. Par exemple observe-les lorsqu'elles se rencontrent, regarde si elles ont un territoire et cherche à reconnaître les relations entre mâles et femelles. En outre, tes parents peuvent t'aider à les nourrir et à nettoyer leur aquarium afin que les tortues vivent dans un environnement agréable.